Das Jesusgebet

Das Jesusgebet

Anleitung zur Anrufung des Namens JESUS von einem Mönch der Ostkirche

Herausgegeben und eingeleitet
von
Emmanuel Jungclaussen

Verlag Friedrich Pustet
Regensburg

Die englische Originalausgabe ist unter dem Titel
On the invocation of the name of Jesus bei *The Felloship of St. Alban and St. Sergius / London* erschienen.

Übertragung ins Deutsche
von Heidi Krinner-Jancsik und Alf Krinner

Bibliografische Information der Deutschen Nationalbibliothek
Die deutsche Nationalbibliothek verzeichnet diese Publikation in der Deutschen Nationalbibliografie; detaillierte bibliografische Angaben sind im Internet über https: // dnb.d-nb.de abrufbar.

Gutenbergstraße 8, 93051 Regensburg
Tel. 0941 / 920220, verlag@pustet.de

11. Auflage 2025

ISBN 978-3-7917-0484-5
Satz: Vollnhals Fotosatz, Neustadt a. d. Donau
Druck und Bindung: Friedrich Pustet, Regensburg
Umschlagmotiv: Der ungläubige Thomas (Köln, 1250)
Printed in Germany 2025

Diese Publikation ist auch als eBook erhältlich:
eISBN 978-3-7917-6271-5 (epub)

Unser gesamtes Programm finden Sie unter
www.verlag-pustet.de

Inhalt

Der Weg des Namens – eine Einführung von Emmanuel Jungclaussen 7

Vorbemerkung 21

Die Form des Jesusgebetes 23

Die Praxis des Jesusgebetes 25

Das Jesusgebet als geistlicher Weg 32

Das Jesusgebet als Gottesverehrung 39

Der Heilige Name als Geheimnis der Erlösung 41

Der Name Jesus und die Menschwerdung . . . 47

Der Name Jesus und die Verwandlung der Welt 50

Das Jesusgebet und die Kirche 57

Der Name Jesus als Eucharistie 62

Der Name Jesus und der Heilige Geist 69

Der Name Jesus und der Vater 74

Der Name und die allumfassende Gegenwart Jesu 77

Der Weg des Namens

Eine Einführung

„In früheren Zeiten vermochten die Menschen das ganze Leben mit geistlichen Übungen und der genauen Befolgung aller in den Heiligen Schriften verordneten Riten zu verbringen [...] Wer in unserer Zeit die vom Irrtum geschmiedeten Fesseln abstreifen will, soll unaufhörlich den heiligen Namen Gottes wiederholen und gleichzeitig seine Gedanken auf Gott richten [...] Wer den inbrünstigen Glauben an die Macht des heiligen Gottesnamens in seinem Herzen trägt, und diesen Namen Tag und Nacht wiederholt, bedarf keiner geistlichen Übungen mehr. Er überwindet alle Zweifel, sein Herz wird rein, und er erkennt den Herrn durch die Macht Seines heiligen Namens."[1]

Diese Worte, vor knapp 100 Jahren von dem indischen Weisen Ramakrishna (1836–1886) gesprochen, erscheinen wie eine Antwort auf die Frage zahlreicher Menschen heute, auf die Frage nämlich, wie denn unter den Belastungen und der Beanspruchung durch die Lebensformen unserer heutigen Gesellschaft – dem sogenannten „Stress“ – noch ein innerliches Leben möglich sei. Es ist letztlich die Frage nach lebendiger Gotteserfahrung und damit die Frage nach einem sinnerfüllten Leben. Diese Frage stellen sehr viel mehr Menschen – gerade auch aus der jüngeren Generation –, als man gewöhnlich annimmt.

Was ist nun näherhin gemeint, wenn Ramakrishna davon spricht, „das ganze Leben mit geistlichen Übungen und der genauen Befolgung aller in den Heiligen Schriften verordneten Riten zu verbringen“? Und was meint dieses „unaufhörlich den heiligen Namen Gottes wiederholen“? Das erste meint die Ausrichtung des ganzen Lebens, auch in seinem äußeren Ablauf, auf Gott hin. Eine Ausrichtung, die in letzter Konsequenz eigentlich zu einer Art mönchischen Lebens führt, und die dabei die Ausgestaltung bestimmter innerer und äußerer Disziplinen wie Abgeschiedenheit, Fasten usw. mit sich bringt. Diese Disziplinen hat man dann, so weit wie möglich, auch auf das religiöse Leben der Laien anzuwenden versucht bzw. sie als das eigentliche Ideal herausgestellt.

Aus der Frühzeit des christlichen Mönchtums wird uns eine Geschichte berichtet, die von späteren Generationen der Mönche und Ordensleute als so charakteristisch empfunden wurde, dass sie immer wieder erzählt und ihre Schlussweisung als *die* Grundformel eines innerlichen Lebens weitergegeben wurde. So findet sie sich beispielsweise bei Johannes Tauler und wurde u. a. auch dem hl. Franz von Assisi in den Mund gelegt. Die Geschichte handelt von Arsenios dem Großen (354–445), der zuerst als Erzieher am Hofe des Kaisers Theodosius in Konstantinopel lebte und ab 383 den Rest seines Lebens in der Libyschen und Ägyptischen Wüste verbrachte. Hier die Geschichte in ihrer ältesten uns überlieferten Form aus den Apophthegmata Patrum[2]:

„Als der Altvater Arsenios noch im Palast weilte, betete er zu Gott: ‚Herr, zeige mir einen Weg, wie ich Rettung finde!‘ Und es kam eine Stimme zu ihm, die sprach: ‚Arsenios, fliehe die Menschen, und du wirst gerettet werden.‘ Als er sich dann bereits in das Einsiedlerleben zurückgezogen hatte, betete er wieder mit den gleichen Worten. Und er hörte eine Stimme, die zu ihm sagte: ‚Arsenios, fliehe, schweige, ruhe! Das sind die Wurzeln der Sündenlosigkeit.‘“

„Fliehe – schweige – ruhe.“ Das wird weithin die Grundforderung für innerliches Leben im Christentum; sie lässt sich in gewisser Abwandlung aber auch in außerchristlichen Frömmigkeitsformen wiederfinden: „Fliehe: in die

Wüste, ins Kloster, in die Zelle. – Schweige: äußerlich – innerlich; bringe alle – besonders die sündhaften und sorgenvollen – Gedanken zur Ruhe, um allein an Gott zu denken und in IHM Ruhe zu finden."

Das griechische Wort für „Ruhe" heißt „Hesychia". Darum wird diese in der ägyptischen Wüste entstandene Mönchsbewegung auch „Hesychasmus" genannt. Die Ausbildung bestimmter Übungsmethoden, um zu dieser „Ruhe in Gott" zu gelangen, wird dann später besonders auf dem Berg Athos gepflegt und dort auch durch den hl. Gregor Palamas (1296–1359) theologisch genau begründet. Durch den hl. Nil Sorskij (1433–1508) gelangen diese Übungsmethoden – d. h. also der Hesychasmus – vom Athos nach Russland und erleben dort vom Ausgang des 18. Jahrhunderts bis zum Beginn des 20. Jahrhunderts eine Blütezeit, die weit über die Kreise des Mönchtums hinausgeht und auch zahlreiche Gläubige des christlichen Volks das Jesusgebet üben lässt. Davon zeugen die bekannten „Aufrichtigen Erzählungen eines russischen Pilgers"[3].

Wie war eine solche Entwicklung möglich? Schon früh hatte man erkannt, dass die „Flucht" ins Kloster und in die Zelle unter Umständen wenig nützt, bzw. ein Hilfsmittel und ein Symbol für eine andere „Flucht“ darstellt: nämlich für die „Flucht“, besser: die „Rückkehr in sich selbst hinein“, in die „Zelle des Herzens“; dass es auch mehr um ein inneres Stillwerden geht als um äußeres Schweigen, wenn ersteres auch nicht ganz ohne ein äußeres Schweigen und ohne ein Sich-Abschirmen vor Reizüberflutungen möglich ist, gerade heutzutage! Wie aber können wir den „Ort des Herzens“ finden und jene innere Stille erreichen, um schließlich zu dem immerwährenden Gottgedenken zu kommen? Das war die Frage, die die ersten Mönche genauso bewegte wie die gottsuchenden Menschen von heute. Man erkannte, dass das Still-da-sitzen verbunden mit einem ruhigen Aufmerken auf das Atmen eine solche Hilfe zur Sammlung im eigenen Innern, im „Herzen“ sein kann. Das immerwährende Gottgedenken versuchte man zunächst durch beständiges Wiederholen kurzer Gebete, v. a. von Psalmversen, zu verwirklichen. Schon das Neue Testament kannte ja solche Stoßgebete: „Gott, sei mir Sünder gnädig“ (Lk 18, 9–14) oder „Jesus, Sohn Davids, erbarme dich meiner“ (Lk 18,35). Schließlich entdeckte man, dass im Namen Jesus eigentlich alles zusammengefasst ist, bzw. dass in der Anrufung des Namens Jesus – in Verbindung mit dem Aufmerken auf das Atmen – jenes Wort „Fliehe – schweige – ruhe“ auf eine neue verinnerlichte Art und Weise gelebt werden kann, auch von Menschen mitten in der Welt! Das eben meint – christlich gesehen – jenes zu Beginn zitierte: „unaufhörlich den heiligen Namen Gottes wiederholen“.

Genau an diesem Punkt setzt das vorliegende Büchlein „Das Jesusgebet“ ein. Es erschien erstmals vor 32 Jahren in englischer Sprache. Der Verfasser nannte sich selbst schlicht „ein Mönch der Ostkirche“, obwohl er seiner Herkunft nach (auch der religiösen!) dem Abendland entstammt. Seinem Wunsche gemäß soll sein Name auch hier nicht genannt werden. Das Büchlein liegt hier in einer neueren deutschen Übersetzung vor[4], gleichsam als Antwort auf die zurzeit immer stärker werdende Nachfrage nach einer konkreten, auch wirklich praktizierbaren geistlichen Wegweisung. Dabei spielt gerade die Tatsache, dass der Verfasser dieses Büchleins sowohl in der christlich-abendländischen als auch in der orthodoxen Überlieferung beheimatet ist, eine wichtige Rolle. Sie gibt dem Büchlein das ihm eigene Gepräge und macht es zu einer hilfreichen Ergänzung der oben genannten „Aufrichtigen Erzählungen eines russischen Pilgers“.

Der Hesychasmus ist ja dem Abendland als innerer Weg nicht unbekannt. Es war v. a.

Johannes Cassian († 435), der das Gedankengut des Hesychasmus ins Abendland brachte, nachdem er jahrelang unter ägyptischen Mönchen gelebt hatte. Die Regel des hl. Benedikt z. B. erwähnt seine Schriften und steht unter deren Einfluss. Im Abendland entwickelt sich später auch eine besondere Verehrung des hl. Namens JESUS (vgl. die „Vorbemerkung“), verbunden mit der praktischen Übung von Anmutungen und Stoßgebeten. Als ein Zeuge unter vielen sei hier nur der hl. Franz von Assisi genannt; Thomas von Celano, sein erster Biograf, schreibt: „Immer war er mit Jesus beschäftigt, Jesus trug er stets im Herzen, Jesus im Munde, Jesus in den Ohren, Jesus in den Händen, Jesus in seinen übrigen Gliedern. – Wie oft vergaß er, wenn er zu Tisch saß und JESUS hörte oder nannte oder nur dachte, die leibliche Speise [...] Ja noch mehr! Oft, wenn er seines Weges ging und JESUS dachte oder sang, vergaß er seines Weges und forderte alle Elemente auf zum Lobe Jesu. Und weil er in wunderbarer Liebe immer Jesus, und zwar den Gekreuzigten, in seinem Herzen trug und bewahrte, deshalb wurde er auch vor allen mit seinem Zeichen so herrlich gezeichnet.“[5]

Die Anwendung des Bildes von der Mönchszelle auf das Innere des Menschen lässt sich übrigens auch bei Franz von Assisi finden[6].

So macht gerade dieses Büchlein deutlich, wie Ost und West im christlichen Bereich, aber auch darüber hinaus (vgl. die anfangs zitierten Worte Ramakrishnas) keine sich ausschließenden Gegensätze sind, sondern gegenseitige Ergänzungen. Und die Beschäftigung mit ostkirchlicher (und unter Umständen auch mit fernöstlicher) Spiritualität und Gebetserfahrung kann uns dazu verhelfen, das eigene christlich-abendländische Erbe neu zu entdecken.

Es seien nun noch in drei Punkten einige Hilfen zum Umgang mit diesem Buch gegeben:

I.

Es besteht die Gefahr, dass man über die verhältnismäßig knappen praktischen Hinweise in Nr. 1–14 hinwegliest und sich zu stark von den theologischen Erwägungen gefangen nehmen lässt. Nr. 1–14 bilden aber die eigentliche Grundlage, und ohne die ausdauernde praktische Übung werden sich die theologischen Erwägungen niemals als lebendige innere Erfahrung erschließen, sondern stets nur blasse Gedanken bleiben. Darum sollen die praktischen Hinweise hier noch etwas ergänzt werden. Wenn z. B. in Nr. 7 vom „einsamen und ruhigen Ort" gesprochen wird, so fügen die alten Mönche hinzu „abgedunkelt", weil es die Konzentration erleichtert und die Möglichkeit der Ablenkung mindert. Oder:

„Die beste Haltung ist jene, die die größte körperliche Entspannung und innere Sammlung verschafft." Das könnte für den, *der damit vertraut ist,* eine Ermutigung sein, auch im halben oder vollen Lotus-Sitz (mit überkreuzten Beinen also) oder im Diamant-(Fersen-)Sitz zu sitzen (gegebenenfalls mit den entsprechenden vorausgehenden Lockerungs- und Entspannungsübungen). Wir heutigen Abendländer sind ja so wenig in unserem Leibe daheim, dass wir da etwas mehr Vorbereitung brauchen. Die „bestimmte Zeit" sollte am Anfang 15 bis 20 Minuten betragen, am besten morgens oder auch abends oder zweimal täglich, möglichst am gleichen Platz, vielleicht vor einem heiligen Bild, vor dem man eine Kerze entzündet. All das ist als geregelter Brauch hilfreich, damit das „Komme zur Ruhe!" in Nr. 8 Wirklichkeit werde. Hier kann man auch zunächst behutsam eine Weile wortlos dem Atem folgen, wobei man mehr auf das Ausatmen als auf das Einatmen achten soll. Dabei ergibt sich dann von selbst, dass man JESUS beim *Ausatmen* spricht, sobald man nach ein paar Minuten mit dem eigentlichen Gebet beginnt. Dabei empfehlen russische Meister des Jesus-Gebetes, beim hörbaren Sprechen des Namens Jesu zeitweilig die rechte Hand flach auf die Brust zu legen, sodass die Fingerspitzen ein wenig oberhalb des Herzens liegen. Der hl. Seraphim von Sarow (1759–1833) wird meist so abgebildet. Dass neben der kurzen Form JESUS auch die Form JESUS-CHRISTUS oder auch die in den „Aufrichtigen Erzählungen“ vorgesehene Form „Herr Jesus Christus – erbarme dich meiner“ gewählt werden kann, entspricht der Freiheit der Kinder Gottes. Aber man sollte die Form möglichst später nicht mehr wechseln. Dabei kann man JESUS bzw. „Herr Jesus Christus“ beim Einatmen, und CHRISTUS bzw. „erbarme dich meiner“ beim Ausatmen (innerlich) sprechen. Die Übungszeit möge also am Anfang kurz, aber regelmäßig gehalten werden. V. a. darf man nicht versuchen, durch möglichst lange Übungszeiten zu schnellen „Ergebnissen“ zu kommen. Das kann gefährlich werden. Auch das Gebet untertags bei der Arbeit usw. sollte man zunächst nicht erzwingen. Es muss sich gleichsam wie von selbst einstellen. Auch die Verbindung des Gebets mit dem Atem ist nur ein Hilfsmittel! Man messe ihm keine übertriebene Bedeutung bei.

II.

Eine besondere Rolle kommt auf dem „Weg des Namens“ der Heiligen Schrift, besonders dem

Neuen Testament, zu. Dieses ist ja einfachhin die Botschaft vom heilbringenden Namen Jesu! Darum dürfen die Schriftzitate in dem vorliegenden Büchlein nicht nur als eine Art Illustration aufgefasst werden, sie sollen im Alten und Neuen Testament aufgeschlagen und im engeren und weiteren Zusammenhang nachgelesen werden. Darüber hinaus erfährt der Weg des Namens für den Christen durch das regelmäßige Lesen des Neuen Testaments eine ungemeine Vertiefung. Man kann die Lesung auch unmittelbar mit der Übung verbinden. Man beginnt mit der Lesung eines Abschnitts aus den Evangelien oder Apostelbriefen, um nach kurzem Nachsinnen und kurzer Stille in die Übung der Anrufung des Namen JESUS einzutreten. Auf diese Weise wird man immer stärker die Gegenwart Christi in der Heiligen Schrift erfahren, und deren verborgener Sinn wird sich mehr und mehr erschließen.

III.

Nr. 36–39, aber auch Nr. 40–44, zeigen uns die Anrufung des Namens in einem besonderen Licht: nämlich als die Ermöglichung und schrittweise Verwirklichung der universalen Kommunikation! Diese universale Kommunikation mit aller Kreatur, insbesondere mit dem menschlichen Du und endlich mit sich selbst (in der Annahme seiner selbst) ist die Sehnsucht vieler Menschen heute. Es ist die Sehnsucht nach umfassender Begegnung und Vereinigung inmitten einer immer stärkeren (Selbst-) Entfremdung und Vereinsamung infolge der spezifischen Lebensformen der Leistungsgesellschaft unseres technokratischen Zeitalters. Von dieser universalen Kommunikation weiß auch der russische Pilger: „Das Herzensgebet erfüllte mich mit solcher Wonne, dass ich nicht glaubte, es könne jemanden auf der Welt geben, der glücklicher wäre als ich, und ich konnte es nicht verstehen, dass es noch größere und herrlichere Wonnen im Himmelreich geben würde. Dieses fühlte ich aber nicht nur im Innern meiner Seele, sondern auch die ganze Außenwelt schien mir wunderbar schön, und alles verlockte mich zur Liebe und zum Dank gegen Gott; Menschen, Bäume, Pflanzen, Tiere, alles war mir unsäglich vertraut, und an allem sah ich das Abbild des Namens Jesu Christi. Mitunter fühlte ich eine solche Leichtigkeit, als hätte ich überhaupt keinen Körper, und es war mir, als ginge ich nicht, sondern als fliege ich selig durch die Luft; mitunter ging ich tief selber in mich hinein und sah mein Inneres klar vor mir und staunte über die weise Anordnung des menschlichen Leibes; mitunter empfand ich eine so hohe Freude, als wäre ich König geworden, und bei all diesen Tröstungen wünschte ich, Gott möge mich möglichst bald sterben lassen, um in Dankbarkeit am Schemel seiner Füße in die Geisterwelt mich zu ergießen."[7]

Solche Erfahrungen stehen wieder ganz in der Nähe dessen, was ein hl. Franz von Assisi erfahren und in seinem Sonnenlied zum Ausdruck gebracht hat[8].

Dieser Hinweis auf die „universale Kommunikation" war ungemein wichtig, nämlich um deutlich zu machen, dass der durch die „Flucht", durch die „Wendung nach innen" gewonnene *Abstand von der Welt* letztlich eine neue Art der *Zuwendung zur Welt* zur Folge hat, ganz so wie es der Sicht der Paulus-Briefe und des Johannes-Evangeliums entspricht.

Abschließend darf gesagt werden, dass nicht wenige Menschen unserer Tage offen bekennen, mit Hilfe des Jesus-Gebetes einen Weg gefunden zu haben, der ihnen – nach langem Suchen – die Möglichkeit eines geistlichen Lebens inmitten der Welt auftat und sie dabei selbst von Grund auf verwandelte.

Anmerkungen

1 Sri Ramakrishna, Worte des Meisters, Zürich 1949, S. 65 u. 101.
2 Deutsch: Weisung der Väter, eingeleitet u. übersetzt von Bonifaz Miller, Freiburg 1965, S. 25.
3 E. Jungclaussen (Hg.), Aufrichtige Erzählungen eines russischen Pilgers [6]1976 (dort auch eine genauere theologische Darstellung).
4 Erste deutsche Ausgabe mit dem Titel „Im Namen Jesu ist Heil", Innsbruck 1959.
5 Thomas von Celano, Leben und Wunder des Heiligen Franziskus von Assisi, Werl, S. 187f.
6 Vgl. E. Jungclaussen, Beten mit Franz von Assisi, Freiburg 1976, S. 29.
7 Aufrichtige Erzählungen, S. 115f.
8 Beten mit Franz von Assisi, S. 93ff.

Vorbemerkung

Die Anrufung des Namens JESUS ist eine Gebetsform, die den Christen der Ostkirche vielleicht vertrauter ist als denen der Westkirche. In der orthodoxen Kirche ist sie als „Jesusgebet“ bekannt und weit verbreitet, nicht nur in den Klöstern, wie z. B. auf dem Berg Sinai oder dem Berg Athos, sondern ebenso auch bei den übrigen Gläubigen. Viele Generationen westlicher Christen haben die Anrufung des heiligen Namens geübt. Heilige wie Bernhard von Clairvaux (12. Jh.) und Bernhardin von Siena (14. Jh.) trugen zu ihrer Verbreitung bei.

Diese Gebetsform zieht gleichermaßen die griechisch-orthodoxen wie die römisch-katholischen Christen an, die Anglikaner wie die Protestanten, eben alle Christen, sowohl östlicher wie westlicher Prägung.

Das vorliegende Buch ist rein praxisorientiert. Es wurde in der Hoffnung geschrieben, den Christen in der Welt – oder vielleicht auch denen im Kloster –, die sich in diesem Gebet üben möchten, eine kleine Hilfe zu geben.

Das Buch ist das Ergebnis 25-jährigen Meditierens und damit sozusagen Frucht einer inneren Erfahrung. Deshalb erfordert es ein ziemlich konzentriertes Lesen, aber wir wollen nicht sagen, dass es schwierig zu lesen sei. Wir haben uns stets bemüht, uns so klar und einfach wie möglich auszudrücken und theologische Fachausdrücke zu vermeiden. Doch die Fragen, die wir hier behandeln, besitzen ihre eigene Problematik.

Wie selbstgefällig das auch immer klingen mag: Wir bitten jene, die sich damit befassen, die Seiten nicht zu überfliegen und sie vor allem nicht in einem Zug durchzulesen. Das Wesentliche würde einem hastigen Lesen entgehen – so wie Sand durch die Finger rieselt…

Dieser kleine Traktat ist in Kapitel eingeteilt und jedes Kapitel in Abschnitte mit durchgehender Zählung. Jeder dieser klar abgegrenzten Abschnitte hat einen Sinn und eine Bedeutung, die nach und nach vollständig in sich aufgenommen werden sollten. Es wäre erfreulich, wenn unsere Schrift Stück für Stück wie ein Erbauungsbüchlein gelesen würde.

Die Form des Jesusgebetes

„Nun fragte Jakob: Nenne mir doch deinen Namen! Jener entgegnete: Was fragst du mich nach meinem Namen? Dann segnete er ihn dort."

Gen 32,30

1.

Die Anrufung des Namens JESUS kann verschieden gehandhabt werden. Es ist Sache jedes Einzelnen, die Form zu finden, die ihm am meisten zusagt. Welche Gebetsformel man aber auch immer verwendet, Mittelpunkt und Herzstück der Anrufung muss der heilige Name selbst sein, das Wort JESUS. In ihm liegt die ganze Kraft der Anrufung.

2.

Der Name JESUS kann entweder allein verwandt oder in einen mehr oder weniger langen Satz eingefügt werden. In der Ostkirche ist dies die gebräuchlichste Form: „Herr Jesus Christus, Sohn Gottes, erbarme dich meiner, des Sünders." Man kann auch einfach sprechen: „Jesus Christus", oder „Herr Jesus". Die Anrufung kann aber ebenso gut aus dem einzigen Wort JESUS bestehen.

3.

Die letzte Form – der Name JESUS allein – ist die älteste Art und Weise, den Namen JESU anzurufen. Sie ist am kürzesten, einfachsten und – wie wir glauben – auch am leichtesten. Deshalb schlagen wir vor, ohne die anderen Formeln entwerten zu wollen, das Wort JESUS allein zu gebrauchen.

4.

Wenn wir also von der Anrufung des Namens sprechen, dann meinen wir die andächtige und häufige Wiederholung des Namens selbst, die Wiederholung des Wortes JESUS ohne irgendwelche Hinzufügungen. Der heilige Name ist das Gebet!

5.

Der Name JESUS kann entweder laut ausgesprochen oder still gedacht werden. Beide Male handelt es sich um eine wirkliche Anrufung des Namens; im ersten Fall mündlich, im anderen Fall rein innerlich. Dieses Gebet gestattet einen leichten Übergang vom mündlichen zum inneren Gebet. Gerade die mündliche Wiederholung des Namens, wenn sie langsam und besinnlich geschieht, führt uns zum inneren Gebet und macht die Seele zur Betrachtung geneigt.

Die Praxis des Jesusgebetes

„Ich hoffe auf deinen Namen im Kreis
der Frommen, denn du bist gütig."

Ps 52,11

6.

Das Jesusgebet kann überall und jederzeit geübt werden. Man kann den Namen JESUS auf der Straße, am Arbeitsplatz, im Zimmer, in der Kirche usw. aussprechen. Beim Gehen kann man den Namen JESUS vor sich hersagen. Neben diesem freien, durch keine Regel festgesetzten oder eingeengten Gebrauch des Namens ist es empfehlenswert, bestimmte Zeiten und Orte für eine regelmäßige Anrufung des Namens festzulegen. Der in dieser Art des Gebetes Fortgeschrittene kann ohne solche Einteilungen auskommen. Aber für Anfänger sind sie unerlässlich.

7.

Wenn wir also täglich eine bestimmte Zeit für die Anrufung des Namens festgesetzt haben (neben der „freien Anrufung", die so oft wie möglich erfolgen sollte), dann möge sie – sofern es die Umstände erlauben – an einem einsamen und ruhigen Ort geschehen: „Du aber geh in deine Kammer, wenn du betest, und schließ die Tür zu; dann bete zu deinem Vater, der im Verborgenen ist.“ (Mt 6,6) Die Körperhaltung spielt keine entscheidende Rolle. Am besten ist die Haltung, die die größte körperliche Entspannung und innere Sammlung ermöglicht. Eine Stellung, die Demut und Ehrfurcht ausdrückt, kann hilfreich sein.

8.

Ehe du beginnst, den Namen JESUS auszusprechen, komme zur Ruhe und sammle dich und bitte den Heiligen Geist um Erleuchtung und Führung. „Keiner kann sagen: Jesus ist der Herr!, wenn er nicht aus dem Heiligen Geist redet.“ (1 Kor 12,3) Der Name JESUS kann erst dann wirklich von einem Herz Besitz ergreifen, wenn es vom reinigenden Atem und der Flamme des Geists erfüllt ist. Der Geist selbst wird in uns den Namen des Sohnes verlebendigen und zum Leuchten bringen.

9.

Fang einfach an. Um gehen zu lernen, muss man den ersten Schritt wagen; um schwimmen zu lernen, muss man sich ins Wasser stürzen. Genauso ist es bei der Anrufung des Namens.

Beginne ihn ehrfürchtig und liebevoll auszusprechen. Bleibe fest dabei. Wiederhole ihn. Denke nicht daran, dass du den Namen anrufst; denke nur an JESUS. Sprich seinen Namen langsam, sanft und ruhig aus.

10.

Anfänger machen meistens den Fehler, dass sie die Anrufung des heiligen Namens mit innerer Anstrengung und Gefühlsbewegung verbinden möchten. Sie versuchen ihn mit großem Nachdruck auszusprechen. Aber der Name JESUS soll nicht hinausgeschrien oder ungestüm ausgesprochen werden, auch nicht innerlich. Als Elias befohlen wurde, vor dem Herrn zu erscheinen, erhob sich ein starker und kräftiger Sturm, aber der Herr war nicht im Sturm, und nach dem Sturm kam ein Erdbeben, aber der Herr war nicht im Erdbeben; und nach dem Beben kam ein Feuer, aber der Herr war nicht im Feuer. Nach dem Feuer kam ein sanftes und leises Säuseln. „Als Elias es hörte, hüllte er sein Gesicht in den Mantel, trat hinaus und stellte sich." (1 Kön 19,13)

Krampfhafte Anstrengung und die Suche nach einem besonderen Erlebnis sind vergebens. Wenn du den Heiligen Namen wiederholst, so konzentriere deine Gedanken, Gefühle und Wünsche nach und nach auf den Namen. Sammle in ihm dein ganzes Wesen. Wie ein Öltropfen auf einem Tuch sich ausbreitet und es durchtränkt, so lass den Namen deine Seele durchdringen. Nicht der kleinste Teil deines Selbst soll davon ausgenommen sein. Unterwerfe dein ganzes Selbst und schließe es in den Namen ein.

11.

Während der Anrufung selbst sollte man den Namen nicht ständig „wörtlich" wiederholen. Wenn man den Namen ausspricht, dann sollte er in den folgenden Sekunden und Minuten der Ruhe und Sammlung fortklingen.

Die Wiederholung des Namens gleicht dem Flügelschlag eines Vogels, durch den dieser sich in die Lüfte erhebt. Nie darf solches schwerfällig, erzwungen, hastig oder geräuschvoll geschehen. Vielmehr muss es ruhig, leicht und im wahrsten Sinne des Wortes gnadenhaft anmutig sein. Hat der Vogel die gewünschte Höhe erreicht, so gleitet er im Flug dahin und nur von Zeit zu Zeit schlägt er mit seinen Flügeln, um sich in der Luft zu halten. Genauso kann auch die Seele, wenn sie den Gedanken an Jesus in sich aufgenommen hat und von seiner Gegenwart erfüllt ist, aufhören, den Namen zu wiederholen und im Herrn zu ruhen. Die Wiederholung soll erst dann wieder aufgenommen werden, wenn die Gefahr besteht, dass das Denken an Jesus von fremden Vorstellungen verdrängt wird. In diesem Fall sollte man wieder mit der Anrufung beginnen, um frischen Auftrieb zu bekommen.

12.

Setze die Anrufung beliebig lange fort. Wenn du müde bist, dann unterbrich natürlich das Gebet. Bestehe nicht hartnäckig darauf. Aber nimm die Anbetung wieder auf, zu jeder Zeit und an jedem Ort, wenn du Lust dazu verspürst. Mit der Zeit wirst du merken, dass dir der Name JESUS spontan über die Lippen kommt und dass er dir – wenn auch verborgen und ruhig – fast immer gegenwärtig sein wird. Selbst der Schlaf wird vom Namen JESUS und von dem Gedanken an JESUS erfüllt sein. „Ich schlief, doch mein Herz war wach." (Hld 5,2)

13.

Es ist natürlich, dass wir bei der Anrufung des Namens hoffen und danach trachten, irgendein „positives" oder „greifbares" Ergebnis zu erzielen, d. h. zu spüren, dass wir einen echten Kontakt zur Person unseres Herrn haben: „Wenn ich auch nur sein Gewand berühre, werde ich geheilt." (Mt 9,21) Diese selige Erfahrung ist der erstrebenswerte Höhepunkt der Anrufung des Namens: „Ich lasse dich nicht los, wenn du mich nicht segnest." (Gen 32,27) Aber wir müssen ein übertriebenes Verlangen nach solchen Erfahrungen meiden; religiöse Gefühle können leicht zum Vorwand für eine gefährliche Art von Begierde und Sinnlichkeit werden. Denken wir nicht, wir hätten unsere Zeit verschwendet und unsere Bemühungen seien fruchtlos gewesen, wenn wir der Anrufung eine bestimmte Zeit gewidmet haben, ohne auch nur das Geringste dabei gefühlt zu haben. Im Gegenteil. Dieses scheinbar so trockene Gebet wird Gott vielleicht mehr erfreuen als ein augenblicklicher Begeisterungstaumel, denn es war frei von jedem selbstsüchtigen Streben nach geistlichem Genuss. Es ist das Gebet des schlichten und reinen Willens. Wir sollten deshalb daran festhalten, der Anrufung des Namens jeden Tag regelmäßig eine bestimmte Zeit zu widmen, auch wenn es uns so vorkommt, als ließe uns dieses Gebet kalt und trocken. Und eine derart ernsthafte Willensübung, ein derart nüchternes „Harren" auf den Namen JESUS, wird nicht ohne Segen und Kraft für uns bleiben.

14.

Hinzu kommt, dass uns die Anrufung des Namens selten in einem Zustand der Trockenheit lässt. Die etwas Erfahrung darin besitzen, stimmen überein, dass sie sehr oft von einem inneren Gefühl der Freude, der Wärme und Helligkeit begleitet wird. Man hat den Eindruck, dass man sich im Licht bewege und einhergehe. Dieses Gebet ist ohne Schwere, ohne Trägheit, ohne Kampf. „Dein Name ist hingegossenes Salböl … zieh mich her hinter dir! Lass uns eilen.“ (Hld 1,3–4)

Das Jesusgebet als geistlicher Weg

„Ich mache sie stark durch den Herrn,
und sie werden in Seinem Namen
ihren Weg gehen.“

Sach 10,12

15.

Auf unserem geistigen Weg ist die Anrufung des Namens vielleicht nur eine Episode (etymologisch bedeutet „Episode“ etwas, das „unterwegs passieren kann“). Sie kann für uns auch *ein* Weg sein, ein geistlicher Weg unter vielen. Sie kann aber auch *der* Weg sein, der geistliche Weg, dem wir entschieden (ja vielleicht ausschließlich) den Vorrang geben. Mit anderen Worten, die Anrufung des Namens kann für uns entweder ein vorübergehendes Tun sein, ein Gebet, das wir eine bestimmte Zeit verrichten und dann wieder unterlassen, oder – mehr als eine einmalige Betätigung – eine ständige Methode, um die herum wir unser ganzes geistliches Leben letztlich aufbauen und gestalten. All das hängt ab von unserer persönlichen Berufung, von den Umständen und Möglichkeiten.

Wir sprechen hier nur zu den Anfängern, zu denjenigen, die Grundkenntnisse dieser Gebetsart und einen ersten Kontakt zum heiligen Namen erlangen wollen, und auch zu denjenigen, die nach einer ersten Begegnung mit dem heiligen Namen den „Weg des Namens“ einzuschlagen wünschen. Die die Anrufung des Namens bereits als eine Übung kennen oder überhaupt als die einzige Übung gebrauchen, benötigen unsere Ratschläge nicht.

16.

Zur Anrufung des Namens kommt man nicht aus Laune oder eigenmächtiger Entscheidung; dazu gehört die Berufung und Führung durch Gott.

Wenn wir versuchen, die Anrufung des Namens zum eigentlichen Mittelpunkt unseres geistlichen Lebens zu machen, dann müsste diese Wahl aus Gehorsam gegenüber einer besonderen Berufung geschehen. Eine geistliche Übung und vielmehr noch ein geistliches System, die auf einer bloßen Laune aufbauen, werden kläglich scheitern. Deshalb sollten wir uns unter Anleitung des Heiligen Geistes zu JESUS führen lassen, die Anrufung des Namens wird dann in uns eine Frucht des Heiligen Geistes selbst sein.

17.

Es gibt kein unfehlbares Merkmal dafür, dass wir zum Weg des Namens berufen sind. Es kann zwar Anzeichen dafür geben, doch sollten wir sie in Demut und mit Sorgfalt überdenken. Wenn wir uns zur Anrufung des Namens hingezogen fühlen, wenn dieses Gebet in uns ein Wachsen an Liebe, Reinheit, Gehorsam und Frieden bewirkt und wenn die Übung anderer Gebete uns etwas schwieriger zu werden scheint, dann können wir vernünftigerweise annehmen, dass der Weg des Namens uns offensteht.

18.

Jeder, der sich vom Weg des Namens angezogen fühlt, sollte sorgfältig darauf bedacht sein, andere Gebetsformen nicht gering zu schätzen. Wir wollen nicht behaupten: Die Anrufung des Namens ist das beste Gebet. Für jeden ist dasjenige das beste Gebet, zu dem er vom Heiligen Geist geführt wird, was für ein Gebet es auch immer sein mag. Wer die Anrufung des Namens ausübt, muss auch der Versuchung einer unüberlegten und voreiligen Propaganda zugunsten dieser Gebetsart widerstehen. Wir sollten nicht zu Gott sagen: „Ich will deinen Namen meinen Brüdern verkünden“ (Ps 22,23), wenn er uns nicht in besonderer Weise dazu beruft. Wir sollten die Geheimnisse unseres Herrn lieber demütig bewahren.

19.

Wahrheitsgemäß und sachlich lässt sich Folgendes sagen: Die Anrufung des Namens macht unser geistliches Leben einfacher und einheitlicher. Kein Gebet ist einfacher als dieses „Ein-Wort-Gebet", in dem der heilige Name zum alleinigen Mittelpunkt des ganzen Lebens wird. Komplizierte Gebetsformen ermüden oft und lenken ab. Aber der Name JESUS vereinigt mühelos alles in sich. Er hat eine vereinigende und vereinheitlichende Kraft. Die geteilte Persönlichkeit, die sagen könnte: „Ich heiße Legion, denn wir sind zahlreich" (Mk 5,9), wird ihre Ganzheit im Namen wiederfinden. „Richte mein Herz darauf hin, allein deinen Namen zu fürchten." (Ps 86,11)

20.

Die Anrufung des Namens JESUS sollte nicht als „mystischer Weg" verstanden werden, der uns die asketische Reinigung vielleicht ersparen könnte. Es gibt keine Abkürzungswege im geistlichen Leben. Der Weg des Namens schließt eine ständige Beobachtung unseres seelischen Verhaltens ein. Die Sünde muss vermieden werden. Dabei gibt es aber zwei mögliche Verhaltensweisen:

Die einen überwachen vielleicht ihren Geist, ihr Gedächtnis und ihren Willen, um den heiligen Namen mit größerer Sammlung und Liebe aussprechen zu können. Die anderen sprechen den heiligen Namen vielleicht aus, um gesammelter und hingebungsvoller zu sein in ihrer Liebe. Unseres Erachtens ist der letzte Weg der bessere. Der Name selbst ist ein Weg der Reinigung und Vervollkommnung, ein Prüfstein, ein Filter, den unsere Gedanken, Worte und Werke passieren müssen, damit sie geläutert werden. Wir sollten sie erst dann gelten lassen, wenn sie durch den Namen gereinigt wurden – der Name tilgt alles Sündenhafte. Nur das soll angenommen werden, was mit dem Namen JESUS im Einklang steht. Wir sollten unser Herz bis zum Rand mit dem Namen und Gedanken JESUS füllen, es sorgfältig wie ein kostbares Gefäß behüten und gegen alle Verfälschungen und Einmischungen verteidigen. Dies bedeutet, dass man streng asketisch lebt. Es erfordert in dem Maße Selbstvergessenheit und Selbstabtötung, wie der heilige Name in unserem Herzen wächst: „Jener muss wachsen, ich aber geringer werden." (Joh 3,30)

21.

Wir müssen nun die Anrufung des Namens und ihren Zusammenhang mit anderen Formen des

Gebets erwägen. Auf liturgische Gebete und solche, die von irgendwelchen Regeln einer Gemeinschaft festgelegt sind, wollen wir nicht eingehen, da wir uns hier nur mit dem persönlichen und privaten Gebet beschäftigen. Es liegt uns fern, liturgische oder die durch Gehorsam auferlegten Gebete geringzuachten oder abzuwerten. Ihr Gemeinschaftscharakter und besonders ihre festgelegte Form machen sie zu einer äußerst wertvollen Hilfe. Aber es ist Sache der kirchlichen Oberen und der Gemeinschaften, sich zu vergewissern, ob und inwieweit die Anrufung des Namens JESUS mit den offiziellen Gebetsformen im einzelnen Fall vereinbar ist. Es können Fragen zu einigen anderen Formen des persönlichen Gebets auftauchen. Etwa zum „Gebet der Zwiesprache", bei dem wir Gott hören und zu ihm sprechen, oder zum rein meditativen und wortlosen Gebet, dem „Gebet der Ruhe" und dem „Gebet der Vereinigung". Müssen wir diese Gebetsformen zugunsten der Anrufung des Namens aufgeben oder umgekehrt? Die Antwort müssen wir jeweils Gott überlassen.

In einigen seltenen Fällen mag Gottes Berufung zum Jesusgebet alle anderen Gebetsformen ausschließen. Wir glauben jedoch, dass der Weg des Namens im Allgemeinen breit und für jeden begehbar ist; in den meisten Fällen ist er vollkommen vereinbar mit den Augenblicken des Hörens und Antwortens auf das innere Wort und den Zwischenzeiten innerer Stille. Übrigens dürfen wir nie vergessen, dass die beste Form des Gebets, zu der wir zu einem bestimmten Zeitpunkt finden können, die ist, zu der uns der Heilige Geist gerade führt.

22.

Für den Anfänger kann oft die Beratung und behutsame Führung durch jemanden, der auf dem persönlichen „Weg des Namens“ Erfahrung gesammelt hat, von Nutzen sein. Wir möchten von uns aus empfehlen, sich einem solchen Führer anzuvertrauen. Es ist jedoch nicht unbedingt erforderlich. „Wenn aber jener kommt, der Geist der Wahrheit, wird er euch in die volle Wahrheit führen.“ (Joh 16,13)

Das Jesusgebet als Gottesverehrung

„Ich will deinen Namen ehren
immer und ewig.“

Ps 86,12

23.

Die Betrachtung des Jesusgebets geschah bisher ganz allgemein. Nun müssen wir seine verschiedenen Aspekte erwägen. Der erste ist: Anbetung und Verehrung.

24.

Zu oft beschränkt sich unser Gebet auf Bittgebet, Fürbitte für andere und Reuegebet. Wie wir noch sehen werden, kann man den Namen JESUS bei all diesen Gelegenheiten gebrauchen. Aber das uneigennützige Gebet, der Lobpreis Gottes um seiner selbst willen, der Blick, der mit äußerster Ehrfurcht und Liebe auf ihn gerichtet ist und der Ausruf von Thomas „Mein Herr und mein Gott“ – dies sollte an erster Stelle stehen.

25.

Die Anrufung des Namens JESUS soll JESUS lebendig werden lassen. Der Name ist Sinnbild

und Träger der Person Christi. Andernfalls wäre die Anrufung des Namens eine bloße Wortvergötzung. „Der Buchstabe tötet, der Geist aber macht lebendig.“ (2 Kor 3,6)
Die Gegenwart JESU ist der wirkliche Inhalt des heiligen Namens und sein Wesen. Der Name bezeichnet die Gegenwart JESU und verwirklicht sie.

26.

Dies führt zur reinen Anbetung. Beim Aussprechen des Namens sollen wir der Gegenwart unseres Herrn innewerden. Sie fielen nieder und huldigten ihm.“ (Mt 2,11)

Den Namen JESUS mit Bedacht aussprechen heißt: erkennen, dass unser Herr alles ist und wir nichts. Aus diesem Wissen heraus sollten wir ihn anbeten und verehren. „Darum hat Gott ihn über alle erhöht und ihm den Namen verliehen, der jeden Namen übertrifft, damit vor dem Namen JESU alle Mächte im Himmel, auf der Erde und unter der Erde ihre Knie beugen.“ (Phil 2,9–10)

Der heilige Name als Geheimnis der Erlösung

„Hilf mir Gott durch deinen Namen."

Ps 54,3

27.

Der Name JESUS schenkt uns mehr als seine Anwesenheit. In seinem Namen ist JESUS als Erlöser gegenwärtig, denn das Wort JESUS drückt genau dies aus: Erlöser oder Erlösung. „Und durch keinen anderen kommt die Rettung. Denn es ist den Menschen kein anderer Name unter dem Himmel gegeben, durch den wir gerettet werden sollen." (Apg 4,12)

Mit Heilen und Vergeben begann JESUS seine irdische Sendung, d.h. mit der Errettung der Menschen. Genauso ist die Erkenntnis, dass unser Herr unser Erretter ist, der wahre Weganfang des Jesusgebets. Die Anrufung des Namens erlöst uns von all unseren Nöten.

28.

Der Name JESU verschafft uns nicht nur die Erfüllung dessen, was wir brauchen. „Was ihr vom Vater erbitten werdet, das wird euch gegeben, in meinem Namen. Bis jetzt habt ihr noch nichts in meinem Namen erbeten. Bittet, und ihr werdet empfangen." (Joh 16,23–24) Schon allein der Name JESUS befriedigt unser Begehren. Wenn wir den Beistand unseres Herrn brauchen, dann sollten wir seinen Namen voll Ruhe und Hoffnung aussprechen und darauf vertrauen, dass wir erhalten, worum wir bitten. JESUS selbst ist die letzte Erfüllung aller menschlichen Erfordernisse. Und er ist es gerade in dem Augenblick, in dem wir beten. Unser Gebet soll uns nicht im Hinblick auf die zukünftige Erfüllung interessieren, sondern hier und jetzt im Hinblick auf die Erfüllung in JESUS. Er ist mehr als der Geber dessen, was wir und andere brauchen. Er ist die Gabe selbst. Er ist sowohl Geber als auch Gabe, da er alle guten Dinge in sich vereint. Habe ich Hunger, ist er mir Speise. Friere ich, ist er mir Wärme. Bin ich krank, ist er meine Heilkraft. Werde ich verfolgt, ist er meine Rettung. Bin ich unrein, wird er meine Reinheit. „Von ihm her seid ihr in Christus Jesus, der für uns Weisheit wurde von Gott und Gerechtigkeit und Heilung und Erlösung." (1 Kor 1,30) Dies ist etwas völlig anderes, als wenn Er uns all das nur gegeben hätte. Jetzt können wir in seinem Namen alles finden, was er wirklich ist. Deshalb ist schon der Name JESUS allein – insofern er uns mit JESUS selbst verbindet – ein Geheimnis der Erlösung.

29.

In der Versuchung bringt uns der Name JESUS Sieg und Frieden. Ein Herz, das bereits vom Namen und der Gegenwart unseres Herrn erfüllt ist, lässt keine sündhaften Gedanken oder Vorstellungen zu. Wir sind aber schwach, und oft bricht unser Widerstand zusammen und dann schwillt in uns die Versuchung an wie eine drohende Flut. Beachte in diesem Fall die Versuchung nicht, gehe nicht gegen deine Begierden an, denke nicht über diesen Sturm nach, und blicke nicht auf dich. Schau auf unseren Herrn, klammere dich an ihn und rufe seinen heiligen Namen an. Als Petrus auf dem See Jesus entgegenging und den Sturm sah, „bekam er Angst" (Mt 14,30) und begann unterzugehen. Wenn wir, statt auf die Wellen zu schauen und auf den Sturm zu horchen, zielstrebig über den See JESUS entgegengehen, so wird er uns seine Hand entgegenstrecken und uns halten. Der Name kann sehr hilfreich sein, denn er ist ein entscheidendes, wirkliches und wirksames Mittel, um den starken Bildern der Versuchung widerstehen zu können.

Wirst du versucht, dann rufe beharrlich, aber ruhig und sanft, den heiligen Namen an.

Schreie ihn nicht heraus und sprich ihn nicht ängstlich oder leidenschaftlich aus. Lass den Namen dein Herz nach und nach durchdringen, bis alle Gedanken und Gefühle eins werden und sich in ihm verschmelzen. Lass den Namen seine Anziehungskraft ausüben. Es ist der Name des Friedensfürsten; er muss in Frieden angerufen werden und dann wird er uns Frieden geben; oder besser, der Name wird unser Friede sein wie der, dessen Sinnbild er ist.

30.

Der Name JESUS schenkt Verzeihung und Versöhnung. Wenn wir schwer gesündigt haben (umso mehr wenn wir leicht gesündigt haben), können wir uns sofort reue- und liebevoll an den heiligen Namen klammern und ihn aus ganzem Herzen aussprechen. Und wenn wir den Namen in diesem Sinn gebrauchen, wird er bereits ein Beweis der Vergebung sein. Haben wir gesündigt, dann wollen wir nicht „herumlungern", Zeit verlieren oder vertrödeln. Wir wollen trotz unserer Unwürdigkeit nicht zögern, von neuem mit der Anrufung des Namens zu beginnen. Ein neuer Tag bricht an, und JESUS steht am Ufer. „Als Simon Petrus hörte, dass es der Herr sei, … sprang er in den See." (Joh 21,7)

Mach es wie Simon. Sprich JESUS, als ob du ein neues Leben beginnen wolltest. Durch die Anrufung seines Namens werden wir Sünder unseren Herrn neu erfahren. Er kommt augenblicklich zu uns, so wie wir sind. Er beginnt wiederum dort, wo er uns verlassen hat, oder vielmehr, wo wir ihn verlassen haben. Als er nach der Auferstehung seinen Jüngern erschien, kam er zu ihnen, wie sie waren – unglücklich, verlassen und schuldig – und ohne sie wegen ihres Treuebruchs zu tadeln. Er trat einfach von neuem in ihren Alltag. Er sagte zu ihnen: „Habt ihr etwas zu essen hier? Sie gaben ihm ein Stück gebratenen Fisch." (Lk 24,41–42)

Wenn wir nach begangener Sünde oder einer Zeit der Entfremdung den Namen Jesus wieder aussprechen, so wird er von uns keine langen Entschuldigungen für die Vergangenheit verlangen. Er will vielmehr, dass wir wie zuvor seine Person und seinen Namen mit den Einzelheiten und dem täglichen Ablauf unseres Lebens verbinden – mit unserem gebratenen Fisch – und so beides wieder in den Mittelpunkt unserer Existenz rücken.

31.

So kann der heilige Namen, wenn wir gesündigt haben, wieder Vergebung bringen. Aber er kann uns auch eine umfassendere und grundlegendere Erfahrung der göttlichen Verzeihung schenken. Wir können den Namen JESUS aussprechen und in ihn die ganze Wirklichkeit des Kreuzes, das ganze Geheimnis des Sühneopfers hineinlegen. Wenn wir mit dem Namen den Glauben an JESUS als Versöhnungsopfer für die Sünden aller Menschen verbinden, dann werden wir in dem heiligen Namen das Zeichen der Erlösung finden, das sich auf alle Zeiten und auf die ganze Schöpfung erstreckt. Unter diesem Namen finden wir das „Lamm, das geschlachtet wurde" (Offb 13,8). „Seht, das Lamm Gottes, das die Sünde der Welt hinwegnimmt." (Joh 1,29)

32.

Dadurch werden jedoch nicht die allgemeingültigen Wege der Buße und Sündenvergebung, die uns die Kirche anbietet, geleugnet oder herabgewürdigt. Wir beschäftigen uns hier ausschließlich mit dem verborgenen Seelenleben. Was wir im Auge haben, ist die innere Absolution, die die Liebesreue schon erlangt, der Freispruch, den der Zöllner nach seinem Gebet im Tempel erhielt und von dem das Evangelium sagt: „Dieser, nicht der andere, kehrte als Gerechter nach Hause zurück." (Lk 18,14)

Der Name Jesus und die Menschwerdung

„Und das Wort ist Fleisch geworden."

Joh 1,14

33.

Bis jetzt haben wir die „rettende" Kraft des heiligen Namens betrachtet; nun müssen wir einen weiteren Schritt tun. In dem Maße, in dem der heilige Name in uns wächst, wachsen wir in die Erkenntnis der göttlichen Geheimnisse. Der heilige Name ist nicht nur ein Geheimnis der Erlösung, die Erfüllung dessen, was wir brauchen, die Bekämpfung unserer Versuchungen oder die Verzeihung unserer Sünden. Die Anrufung des Namens ist auch ein Weg, das Geheimnis der Menschwerdung für uns selbst fruchtbar zu machen. Sie ist ein wirksames Mittel der Vereinigung mit unserem Herrn. Mit Christus vereinigt zu sein, ist noch segensreicher als nur vor ihm zu stehen oder von ihm errettet zu werden. Die Vereinigung ist mehr als Gegenwart und Betrachtung.

34.

Du darfst den Namen JESUS aussprechen, damit „Christus durch den Glauben in euren Herzen wohne“ (Eph 3,17). Wenn deine Lippen seinen Namen sprechen, kannst du vielleicht die Wirklichkeit seines Kommens in deiner Seele erfahren: „Ich stehe an der Tür und klopfe. Wenn einer meine Stimme hört und die Tür öffnet, werde ich bei ihm eintreten, und ich werde mit ihm und er wird mit mir Mahl halten.“ (Offb 3,20) Du kannst seine Person und seinen Namen als Sinnbild dieser seiner Person in dir selbst einpflanzen: „Sie bauten deinem Namen ein Heiligtum“ (2 Chr 20,8). Dies ist gemeint im hohepriesterlichen Gebet des Herrn mit „ich in ihnen“ (Joh 17,26). Oder wir können uns selbst in den Namen versetzen und fühlen, dass wir Glieder des Leibes Christi und Zweige des wahren Weinstocks sind. „Bleibt in mir.“ (Joh 15,4)

Natürlich kann nichts den Unterschied zwischen Schöpfer und Geschöpf aufheben. Aber durch die Menschwerdung Christi wurde eine wirkliche Vereinigung der ganzen Menschheit einschließlich unserer selbst mit dem Herrn möglich, eine Vereinigung, wie sie die Anrufung des Namens JESUS zum Ausdruck bringen und intensivieren soll.

35.

Eine gewisse Ähnlichkeit besteht zwischen der Fleischwerdung des Wortes und dem Wohnen des heiligen Namens in uns. Das Wort ward Fleisch. JESUS wurde Mensch. Die verborgene Wirklichkeit des Namens JESUS geht, wenn sie in unsere Seele gedrungen ist, auf unseren Leib über. „Legt das neue Gewand an, Jesus Christus, den Herrn.“ (Röm 13,14)

Der lebendige Inhalt des Namens durchdringt unseren Körper. „Dein Name ist hingegossenes Salböl.“ (Hld 1,3) Wenn ich den Namen gläubig und liebevoll wiederhole, wird er zu einer Macht, die das „Gesetz der Sünde, von dem meine Glieder beherrscht werden“ (Röm 7,23) lähmen und überwinden kann. Wir können uns also den Namen JESUS wie ein leibhaftiges Siegel aufdrücken, das unsere Herzen und unsere Leiber rein und heilig hält. „Leg mich wie ein Siegel auf dein Herz, wie ein Siegel an deinen Arm.“ (Hld 8,6) Aber dieses körperliche Siegel ist weder ein Stück Wachs noch Blei. Es ist das äußere Zeichen und der Name des lebendigen WORTES.

Der Name Jesus und die Verwandlung der Welt

„… von ihm erfüllt,
der das All ganz und gar erfüllt."

Eph 1,23

36.

Das Jesusgebet bringt uns nicht nur von neuem die Kenntnis unserer eigenen Vereinigung mit JESUS in seiner Menschwerdung. Der Name JESUS ist auch ein Mittel, durch das wir einen umfassenderen Blick erhalten für das Verhältnis unseres Herrn zur gesamten Schöpfung Gottes. Der Name JESUS hilft uns, die Welt (ohne jede pantheistische Verwirrung) in Christus zu verwandeln. Hier haben wir also einen weiteren Aspekt des Jesusgebets: Es ist ein Mittel der Verwandlung.

37.

So verhält es sich in der Natur. Das Universum ist das Werk des Schöpfers, des Herrn, „… der Himmel und Erde gemacht hat" (Ps 134,3). Man kann die Natur als sichtbares Sinnbild der unsichtbaren göttlichen Schönheit betrachten: „Die

Himmel rühmen die Herrlichkeit Gottes." (Ps 19,2) „Lernt von den Lilien, die auf dem Feld wachsen." (Mt 6,28) Und dennoch ist dies alles nicht ausreichend. Die Schöpfung steht nicht still. Sie bewegt sich unter Stöhnen und Seufzen auf Christus als ihre Erfüllung und ihr Ziel zu. „Auch die Schöpfung soll von der Knechtschaft der Vergänglichkeit befreit werden zur Freiheit und Herrlichkeit der Kinder Gottes." (Röm 8,21)

Die nach unserer Meinung unbelebte Welt wird von einer auf Christus gerichteten Bewegung vorangetrieben. Alle Dinge streben der Menschwerdung zu. Die Naturelemente und die Früchte der Erde, Fels und Wald, Wasser und Öl, Korn und Wein sind dabei, einen neuen Sinn zu bekommen und Zeichen und Mittel der Gnade zu werden. Die ganze Schöpfung verkörpert den Namen auf geheimnisvolle Weise: „Ich sage euch: Wenn sie schweigen, werden die Steine schreien." (Lk 19,40) Gerade das Aussprechen dieses Namens sollten die Christen aus der Natur heraushören. Indem der Gläubige den Namen JESUS über die Natur ausspricht, über einen Stein oder einen Baum, eine Frucht oder eine Blume, über das Meer oder eine Landschaft oder was auch immer, verkündet er mit lauter Stimme ihre Geheimnisse, verschafft er ihnen Erfüllung und gibt eine Antwort auf ihr langes und scheinbar stummes Erwarten. „Denn die ganze Schöpfung wartet sehnsüchtig auf das Offenbarwerden der Söhne Gottes.“ (Röm 8,19) Wir werden den Namen JESUS zusammen mit der ganzen Schöpfung aussprechen, „damit vor dem Namen JESU alle Mächte im Himmel, auf der Erde und unter der Erde ihre Knie beugen“ (Phil 2,10).

38.

Auch die Welt der Tiere können wir verwandeln. Als Jesus 40 Tage in der Wüste ausharrte, lebte er „bei den wilden Tieren“ (Mk 1,13). Wir wissen nicht, was damals geschah, aber wir können gewiss sein, dass kein Lebewesen vom Einfluss Jesu ausgeschlossen blieb. JESUS selbst hat von den Spatzen gesagt, „dass Gott nicht einen von ihnen vergisst“ (Lk 12,6). Wir befinden uns in der Lage Adams, der allen Tieren einen Namen geben musste. „Gott der Herr formte aus dem Ackerboden alle Tiere des Feldes und alle Vögel des Himmels und führte sie dem Menschen zu, um zu sehen, wie er sie benenne.“ (Gen 2,19) Wissenschaftler nennen sie so, wie sie es für gut halten. Wenn wir aber die Tiere in die Anrufung des Namens JESUS einbeziehen, dann können wir ihnen ihre ursprüngliche Würde zurückgeben, die wir so leicht vergessen – die

Würde von Lebewesen, die Gott schuf und umsorgt in JESUS und für JESUS. „So sollte es heißen." (Gen 2,19)

39.

Vornehmlich den Menschen gegenüber können wir den Dienst der Verklärung und Verwandlung erfüllen. Der auferstandene Christus erschien seinen Jüngern mehrere Male in einer Gestalt, die sie bisher nicht gekannt hatten. „Darauf erschien er in anderer Gestalt" (Mk 16,12), der Gestalt eines Wanderers auf dem Weg nach Emmaus, oder der eines Gärtners in der Nähe des Grabes, oder der eines Fremden am Ufer des Sees. Jedes Mal erschien er in der Gestalt eines gewöhnlichen Menschen, wie er uns wohl jeden Tag begegnet.

JESUS verdeutlichte so einen wichtigen Aspekt seiner Gegenwart im Mitmenschen. Er vollendete auf diese Weise seine Lehre: „Denn ich war hungrig, und ihr habt mir zu essen gegeben; ich war durstig, und ihr habt mir zu trinken gegeben: ich war nackt, und ihr habt mich bekleidet; ich war krank, und ihr habt mich besucht; ich war im Gefängnis, und ihr seid zu mir gekommen ... Ich sage euch: Was ihr für einen meiner geringsten Brüder getan habt, das habt ihr für mich getan." (Mt 25,35.36.40) JESUS erscheint uns jetzt in der Gestalt von Männern und Frauen. Diese menschliche Gestalt ist in der Tat die einzige, in der jeder, wenn er will, zu jeder Zeit und an jedem Ort das Antlitz unseres Herrn erblicken kann. Die Menschen von heute denken realistisch; sie verlassen sich nicht auf Unwirkliches und auf Scheingebilde; und wenn ihnen die Heiligen und Mystiker sagen: „Wir haben den Herrn gesehen", so antworten sie mit Thomas: „Wenn ich an seinen Händen nicht die Nagelwunden sehe und wenn ich meine Finger nicht in die Nagelwunden und meine Hand nicht in seine Seite lege, glaube ich nicht." (Joh 20,25)

JESUS nimmt diese Herausforderung an. Er lässt es zu, dass er gesehen, berührt und angesprochen wird in der Person all seiner menschlichen Brüder und Schwestern. Wie zu Thomas sagt er zu uns: „Leg deinen Finger hierher und sieh meine Hände; nimm deine Hand und lege sie in meine Seite und sei nicht ungläubig, sondern gläubig!" (Joh 20,27) Jesus zeigt uns den Armen und den Kranken, die Sünder und schlechthin alle Menschen und sagt zu uns: „Seht meine Hände und Füße an: … Fasst mich doch an und seht! Kein Geist hat Fleisch und Knochen, wie ihr es an mir seht." (Lk 24,39)

Männer und Frauen sind das Fleisch und die Knochen, die Hände und Füße, die durchbohrte Seite Christi – sein mystischer Leib. In ihnen können wir die Wirklichkeit der Auferstehung und die reale Gegenwart Jesu Christi nachvollziehen. Wenn wir ihn nicht sehen, dann sind unser Unglaube und unsere Herzenshärte daran schuld: „Doch sie waren wie mit Blindheit geschlagen, sodass sie ihn nicht erkannten." (Lk 24,16) Der Name JESUS ist nun ein konkretes und wirksames Mittel, die Menschen in ihre verborgene, innerste und letzte Wirklichkeit zu verwandeln. Mit dem Namen JESUS im Herzen und auf den Lippen sollten wir uns allen Menschen nähern – auf der Straße, im Geschäft, im Büro, in der Fabrik, im Bus, beim Anstehen –, besonders aber denen, die uns lästig und unsympathisch sind. Über sie alle sollten wir den Namen JESUS aussprechen, denn das ist ihr wirklicher Name.

Nenne sie mit seinem Namen, nenne sie in seinem Namen, im Geist der Anbetung, der Zuneigung und des Dienstes. Verehre und diene Christus in ihnen. Bei vielen dieser Männer und Frauen – den Bösen und Verbrechern – ist JESUS gleichsam eingekerkert. Befreie ihn, indem du ihn stillschweigend anerkennst und anbetest in ihnen. Wenn wir mit dieser neuen Einstellung durch die Welt gehen, den Namen JESUS über jeden Menschen sprechen und in jedem Menschen JESUS sehen, wird jeder vor unseren Augen verwandelt und verklärt werden. Je mehr wir bereit sind, uns den Menschen hinzugeben, desto klarer und leuchtender wird die neue Sicht in uns sein. Die Sicht der Dinge kann nicht von der Gabe losgelöst werden. Mit Recht hat Jakob zu Esau nach ihrer Versöhnung gesagt: „Nicht doch, wenn ich dein Wohlwollen gefunden habe, dann nimm das Geschenk aus meiner Hand an! Denn dafür habe ich dein Angesicht gesehen, wie man das Angesicht Gottes sieht.“ (Gen 33,10)

Das Jesusgebet und die Kirche

„... in Christus alles vereinen,
alles, was im Himmel und auf der Erde ist."

EPH 1,10

40.

Wenn wir den Namen JESUS aussprechen, begegnen wir innerlich all denen, die mit unserem Herrn verbunden sind, und all jenen, von denen er gesagt hat: „Denn wo zwei oder drei in meinem Namen versammelt sind, da bin ich mitten unter ihnen." (Mt 18,20)

41.

Wir sollten im Herzen JESU und in seiner Liebe alle Menschen wiederentdecken. Wir sollten alle in seinen Namen hineinziehen und sie in ihm einschließen. Wir können den Namen JESUS für diese oder jene Person, die in besonderer Not ist, anrufen. Aber alle Menschen mit allen gerechtfertigten Anliegen sind bereits im Namen unseres Herrn eingeschlossen. Sich an JESUS halten, heißt eins werden mit ihm in seiner fürsorglichen Liebe und Güte gegenüber den Menschen.

Es ist besser, sich der Fürbitte des Herrn für sie anzuschließen, als ihn für sie zu bitten.

42.

Wo JESUS ist, da ist die Kirche. Wer immer in JESUS ist, der ist in der Kirche. Wenn die Anrufung des heiligen Namens ein Mittel der Verbindung mit unserem Herrn ist, so ist sie auch ein Mittel der Verbindung mit der Kirche, die in ihm ist und die keine menschliche Sünde treffen kann. Das heißt nicht, dass wir vor den Problemen der Kirche auf Erden und vor der Unvollkommenheit und Uneinigkeit der Christen untereinander unsere Augen schließen. Aber wir befassen uns hier mit der ewigen, geistlichen und „makellosen" Seite der Kirche, die im Namen JESUS enthalten ist. Betrachtet man die Kirche auf diese Weise, dann übersteigt sie alle irdische Wirklichkeit. Kein Schisma kann sie spalten. JESUS sagt zu der Samariterin: „Glaube mir, Frau, es kommt die Stunde, in der ihr weder auf diesem Berg noch in Jerusalem zum Vater beten werdet ... Aber es kommt die Stunde, und sie ist jetzt da, in der die wahren Beter zum Vater beten werden im Geist und in der Wahrheit." (Joh 4,21.23)

In diesen Worten unseres Herrn steckt ein scheinbarer Gegensatz: Wie kann die Stunde erst kommen und doch schon da sein? Dieser Widerspruch erklärt sich dadurch, dass die Samariterin damals vor Christus stand. Einerseits bestand die historisch begründete Feindschaft zwischen Jerusalem und dem Berg Garizim immer noch, und JESUS, weit davon entfernt, ihn als Bagatelle abzutun, betonte dennoch die höheren Ansprüche Jerusalems: „Ihr betet an, was ihr nicht kennt, aber wir beten an, was wir kennen; denn das Heil kommt von den Juden." (Joh 4,22)

So gesehen war die Stunde zwar noch nicht da, aber sie war im Kommen. Andererseits war die Stunde schon da, weil die Samariterin den Herrn vor sich hatte, der größer ist als Jerusalem oder der Berg Garizim, ihn, der „uns alles verkünden wird" (Joh 4,26) und durch den wir allein „im Geist und in der Wahrheit anbeten" (Joh 4,24) können. Die gleiche Situation ergibt sich, wenn wir uns mit Hilfe der Anrufung des Namens JESUS an seine Person wenden. Ganz gewiss glauben wir nicht, dass all die gegensätzlichen Auslegungen des Evangeliums, die wir auf Erden hören, alle gleich wahr sind, noch glauben wir, dass die gespaltene Christenheit dasselbe Maß an Erleuchtung besitzt. Aber wenn wir den Namen Jesus ganz aussprechen, uns ganz seiner Person und seinem Anspruch ausliefern, so nehmen wir stillschweigend Anteil an der Fülle der Kirche und so erfahren wir mehr deren wesentliche Einheit als alle unsere menschlichen Trennlinien.

43.

Durch die Anrufung des Namens können wir all unseren Verstorbenen wieder begegnen. Martha hatte Unrecht, als sie zum Herrn von Lazarus sagte: „Ich weiß, dass er auferstehen wird bei der Auferstehung am letzten Tag." (Joh 11,24) Da sie die Gegenwart des Herrn übersah, richtete sie ihren ganzen Glauben auf die Zukunft. JESUS korrigierte ihren Irrtum: „Ich bin die Auferstehung und das Leben." (Joh 11,25) Leben und Auferstehung der Verstorbenen ist nicht nur ein rein zukünftiges Ereignis (obwohl die Auferstehung der einzelnen Leiber ein solches ist). Die Person des auferstandenen Christus ist bereits die Auferstehung und das Leben aller Menschen. Anstatt zu versuchen, in unserem Gebet, in unserem Gedächtnis oder in unserer Vorstellung einen direkten geistigen Kontakt zu unseren Verstorbenen herzustellen , sollten wir uns lieber bemühen, ihnen in Christus zu begegnen, in dem nun ihr wahres Leben liegt. Man kann deshalb sagen, dass die Anrufung des Namens JESUS das beste Gebet für die Verstorbenen ist. Indem sie uns die Gegenwart des Herrn schenkt, vergegenwärtigt sie uns auch die Verstorbenen. Wenn wir den heiligen Namen mit ihrem verbinden, so verrichten wir für sie ein Werk der Liebe.

44.

Die Verstorbenen, deren Leben nun in Christus verborgen ist, bilden die Kirche im Himmel. Sie gehören zu der universalen und ewigen Kirche, von der die jetzt auf Erden kämpfende Kirche nur ein sehr kleiner Teil ist. Im Namen JESUS begegnen wir der ganzen Schar der Heiligen: „Sein Name steht auf ihrer Stirn geschrieben." (Offb 22,4) In ihm begegnen wir den Engeln. Gabriel war es, der als erster auf Erden den heiligen Namen verkündete, indem er zu Maria sagte: „Ihm sollst du den Namen Jesus geben." (Lk 1,31) In ihm begegnen wir der Frau, „die gebenedeit unter den Frauen ist", zu der Gabriel diese Worte sprach und die so oft ihren Sohn mit seinem Namen rief. Möge der Heilige Geist in uns den Wunsch wecken, den Namen zu hören, wie ihn die Jungfrau das erste Mal hörte, und ihn so zu wiederholen, wie ihn Maria und Gabriel aussprachen. Möge unsere eigene Anrufung des Namens zu dieser Tiefe der Anbetung, des Gehorsams und der Zärtlichkeit vordringen!

Der Name Jesus als Eucharistie

„Tut dies zu meinem Gedächtnis."

Lk 22,19

45.

Das geheimnisvolle Geschehen im Abendmahlsaal war eine Zusammenfassung des ganzen Lebens und der Sendung unseres Herrn. Das Sakrament der Eucharistie liegt zwar außerhalb des Rahmens dieser Betrachtungen. Aber es gibt einen „eucharistischen" Gebrauch des Namens JESUS, in dem alle bisher besprochenen Gesichtspunkte zusammengefasst und vereinigt sind.

46.

Auch unsere Seele ist ein Abendmahlsaal, in dem zu jeder Zeit ein unsichtbares Herrenmahl gefeiert werden kann. Im Verborgenen sagt uns der Herr wie damals: „Wie sehr habe ich mir gewünscht ... dieses Paschamahl mit euch zu essen ... Wo ist der Raum, in dem ich mit meinen Jüngern das Pascha essen kann ...? Dort bereitet alles vor." (Lk 22,15; 11.12) Diese Worte gelten nicht nur für das sichtbare Herrenmahl, sondern man kann sie auch auf die innerlich vollzogene Eucharistie anwenden, die trotz ihrer Geistigkeit durchaus wirklich ist. In der sichtbaren Eucharistie bietet sich uns JESUS dar unter den Zeichen von Brot und Wein. In der inneren Eucharistie kann er allein durch das Zeichen seines Namens erkannt werden. Deshalb kann die Anrufung des heiligen Namens eine geistige Eucharistie für uns werden.

47.

Ursprünglich bedeutet das Wort „Eucharistie" Danksagung. Unser inneres Herrenmahl ist daher vor allem eine Danksagung für die große Gabe, die uns der Herr in der Gestalt seines Sohnes geschenkt hat. „Durch ihn also lasst uns Gott allezeit das Lobopfer darbringen." (Hebr 13,15) Unmittelbar danach erklärt die Schrift die Art dieses Lobopfers: „… nämlich die Frucht der Lippen, die seinen Namen preisen" (Hebr 13,15). Auf diese Weise wird der Name mit der Danksagung verbunden. Deshalb sollen auch wir, wenn wir den Namen JESUS aussprechen, dem Vater nicht nur danken, dass er uns seinen Sohn geschenkt hat; wir sollen auch nicht nur unseren Lobpreis auf den Namen des Sohnes richten, sondern den Namen des Sohnes selbst zum Inhalt und zur Grundlage des an den Vater gerichteten Lobpreises machen, als Ausdruck unserer Dankbarkeit und unserer Danksagung.

48.

Jede Eucharistie ist zugleich ein Opfer. „Dann werden sie dem Herrn die richtigen Opfer darbringen." (Mal 3,3) Wir können dem Vater kein würdigeres Opfer darbringen als die Person seines Sohnes JESUS. Allein dieses Opfer ist des Vaters würdig. Wenn wir JESUS dem Vater opfern, dann ist dieses Opfer eins mit dem Opfer, zu dem sich JESUS für ewig gemacht hat; wie können wir allein aus uns Christus opfern?

Um unserem Opfer eine konkrete Gestalt geben zu können, wird uns das Aussprechen des Namens JESUS wahrscheinlich eine Hilfe sein. Wir werden Gott den heiligen Namen darbringen, als wäre er Brot und Wein.

49.

Beim letzten Abendmahl reichte der Herr seinen Jüngern gern Brot, das gebrochen war, und Wein, der vergossen war. Er bot ihnen ein Leben dar, das dahingegeben wurde, seinen Leib und sein Blut, bereit zum Opfer. Wenn wir JESUS in unserem Inneren seinem Vater opfern, dann werden wir ihn immer als den Geschlachteten wie auch als den Sieger darbringen. „Würdig ist das Lamm, das geschlachtet ist ... Ehre, Herrlichkeit und Lobpreis" (Offb 5,12). Lasst uns den Namen im Bewusstsein aussprechen, dass wir reingewaschen sind und „im Blut des Lammes weiß gemacht" (Offb 7,14). Dies ist die Beziehung des heiligen Namens zum Opfer. Das bedeutet allerdings nicht, dass wir an ein neues Kreuzopfer denken. Der so verwandte Name ist nichts anderes als ein Mittel, uns hier und jetzt die Früchte des ein für allemal geschehenen und vollkommenen Opfers zuzuwenden. Durch die Ausübung des allgemeinen Priestertums hilft er uns, das ewige Opfer Christi geistig von neuem gegenwärtig zu setzen. Dieser Gebrauch des Namens erinnert uns auch daran, dass wir nicht eins werden können mit JESUS, der zugleich Priester und Opfer ist, wenn wir nicht durch ihn und durch seinen Namen unsere eigene Seele und unseren eigenen Körper hingeben: „Brandopfer und Sündopfer forderst du nicht. So sprach ich: Siehe, ich komme." (Hebr. 10,6.7)

50.

Es gibt kein Herrenmahl ohne Kommunion. Unsere innere Eucharistie ist das, was die Überlieferung mit „geistlicher Kommunion" bezeichnet hat, d. h. ein Empfangen des Leibes und Blutes Christi im Glauben, ohne die sichtbare Verwendung von Brot und Wein. „Denn das Brot, das Gott gibt, kommt vom Himmel, um der Welt das Leben zu geben … Ich bin das Brot des Lebens.“ (Joh 6,63) Wir haben einen rein geistigen und unsichtbaren Zugang zum Leib und Blut Christi. Diese innerliche, aber sehr reale Form des Zugangs zu unserem Herrn ist etwas verschieden von jeder anderen Form der Annäherung an seine Person, denn sie ist ein besonderes Geschenk, eine besondere Wohltat und Gnade und eine besondere Beziehung zwischen unserem Herrn, der uns speist und zugleich Speise ist, und uns selbst, die wir (wenn auch nicht sichtbar) diese Speise essen. Diese geistliche Kommunion des göttlichen Lebensbrotes, nämlich des Leibes und des Blutes des Erlösers, geschieht leichter, wenn ihr im heiligen Namen Ausdruck verliehen wird und sie vom Namen JESUS Form, Gestalt und Hilfe erhält. Wir können den Namen unseres Herrn in der besonderen Absicht aussprechen, unsere Seele mit ihm zu nähren; besser: mit dem heiligen Leib und dem kostbaren Blut, zu denen wir durch ihn – den heiligen Namen – Zugang zu finden suchen.

Eine solche Kommunion kann, so oft wir es wünschen, wiederholt werden. Keineswegs möchten wir uns dem Irrtum ausgesetzt wissen, dass wir das Herrenmahl, so wie es in der Kirche praktiziert wird, gering achten oder abwerten. Aber wir hoffen, dass jeder, der das Jesusgebet ausübt, erfahren wird, dass der Name JESUS eine geistige Speise ist und er hungrigen Seelen das Brot des Lebens spendet. „Herr, gib uns immer dieses Brot." (Joh 6,34)

In diesem Brot und in diesem Namen sind wir mit allen verbunden, die am gleichen „Messianischen Mahl" teilhaben: „Ein Brot ist es. Darum sind wir viele ein Leib; denn wir alle haben teil an dem einen Brot." (1 Kor 10,17)

51.

Durch die Eucharistie verkünden wir „den Tod des Herrn, bis er kommt" (1 Kor 11,26). Die Eucharistie ist eine Vorausnahme des ewigen Königreiches. Die Verwendung des Namens JESUS im eucharistischen Sinn führt uns zu einer eschatologischen Bedeutung, d. h. zur Anrufung des Namens in Verbindung mit dem „Ende" und der Wiederkunft unseres Herrn. Jede Anrufung des heiligen Namens sollte Ausdruck eines brennenden Verlangens nach der endgültigen Vereinigung mit Jesus im himmlischen Königreich sein. Dieses Verlangen bezieht sich zwar auf das Ende der Welt und das siegreiche Kommen Christi in unser irdisches Dasein; es meint sein herrliches und gewaltiges Eindringen in unser tägliches Leben und noch mehr das (Wieder-)Kommen Christi in der Stunde unseres Todes. Man kann den Namen JESUS als Vorbereitung auf den Tod aussprechen, als Ausdruck des Sehnens nach dem Tod, nach dem lang erwarteten Freund, den „ihr nicht gesehen habt, und dennoch liebt“ (1 Petr 1,8). Man kann den Namen JESUS als Ruf nach dieser letzten Begegnung verstehen; und hier und jetzt als Sprung unseres Herzens über alle Hindernisse hinweg! Wenn wir auf diese Weise den Namen JESUS aussprechen, dann ist darin eingeschlossen der sehnsüchtige Ausspruch des Paulus: „Wenn Christus, unser Leben, offenbar wird“ (Kol 3,4) und auch der Ruf des Johannes: „Komm, Herr Jesus!“ (Offb 22,20)

Der Name Jesus und der Heilige Geist

„Ich sah, dass der Geist wie eine Taube vom Himmel herabkam und auf ihm blieb."

Joh 1,32

52.

Der Name JESUS hatte in der Verkündigung und im Tun der Apostel ein besonderes Gewicht. Sie predigten und heilten die Kranken in seinem Namen; sie beteten zu Gott: „Verleih deinen Knechten, … damit Heilung und Zeichen und Wunder geschehen durch den Namen deines heiligen Knechtes Jesus!" (Apg 4,29.30) Durch sie „wurde der Name des Herrn JESUS hoch gepriesen" (Apg 19,17).

Erst nach dem Pfingstereignis verkündeten die Apostel den Namen „mit großer Kraft" (Apg 4,33). JESUS hatte zu ihnen gesagt: „Ihr werdet die Kraft des Heiligen Geistes empfangen, der auf euch herabkommen wird." (Apg 1,8) In dieser „pfingstlichen" Bedeutung des Namens JESUS haben wir den klaren Beweis für die enge Verbindung des Namens mit dem Geist. Diese pfingstliche Bedeutung des Namens bleibt nicht auf die

Apostel beschränkt. Nicht nur von den Aposteln, sondern von allen, „die glauben“, hat JESUS gesagt: „In meinem Namen werden sie Dämonen austreiben; sie werden in anderen Sprachen reden; sie werden Kranken die Hände auflegen und sie gesund machen.“ (Mk 16,17–18)

Nur unser Mangel an zuversichtlichem Glauben und an Nächstenliebe hindert uns daran, den Namen in der Kraft des Heiligen Geistes auszusprechen. Wenn wir wirklich das Jesusgebet üben, dann muss der Zeitpunkt kommen, wo wir (ohne Stolz und ohne auf uns selbst zu blicken) den Ruhm unseres Herrn verkünden und durch „Zeichen“ anderen Menschen helfen können. Derjenige, dessen Herz zu einem Gefäß des heiligen Namens geworden ist, sollte nicht zögern, zu denen zu gehen, die geistige oder körperliche Hilfe brauchen, um ihnen die Worte des Apostels Petrus zu wiederholen: „Silber und Gold besitze ich nicht. Doch was ich habe, das gebe ich dir: Im Namen Jesu Christi, des Nazoräers, geh umher!“ (Apg 3,6)

Dass doch der Pfingstgeist komme und mit Flammenschrift den Namen in uns einbrenne!

53.

Die pfingstliche Bedeutung des Jesusgebets ist nur ein Aspekt unseres Zugangs zum Heiligen

Geist durch den Namen JESUS. Der Name wird uns noch zu einigen anderen und noch innerlicheren Erfahrungen des Geistes führen. Wenn wir den Namen JESUS aussprechen, spüren wir vielleicht ein wenig von der Beziehung zwischen dem Geist und Jesus. Der Geist verhält sich gegenüber JESUS in einer ganz bestimmten Art und Weise, wie auch umgekehrt JESUS sich dem Geist gegenüber in einer bestimmten Art und Weise verhält. Beim Wiederholen des Namens JESUS befinden wir uns sozusagen an der Wegkreuzung, wo diese zwei „Richtungen“ aufeinandertreffen.

54.

Als JESUS getauft wurde, „kam der Heilige Geist sichtbar in Gestalt einer Taube auf ihn herab“ (Lk 3,22). Das Herabkommen der Taube ist die beste Versinnbildlichung der Beziehung des Geistes zu unserem Herrn. Nun wollen wir beim Aussprechen des Namens JESUS versuchen, uns der auf JESUS gerichteten Bewegung des Geistes gewissermaßen anzupassen, dem vom Vater auf JESUS gerichteten Geist, indem wir auf JESUS schauen und zu ihm kommen. Wir wollen versuchen, uns selbst mit diesem Herabkommen der Taube zu vereinen – soweit ein Geschöpf überhaupt eins werden kann mit einer göttlichen Handlung – („Hätt' ich doch Flügel wie eine Taube"; Ps 55,7), und mit den zarten Empfindungen, die durch deren Stimme Ausdruck finden: „Die Stimme der Turteltaube ist zu hören in unserem Land." (Hld2,12) Bevor „der Geist selber für uns mit unaussprechlichem Seufzen eintritt" (Röm 8,26), seufzte der Geist, wie er es ewig tun wird, nach JESUS.

Das Buch der Offenbarung zeigt uns den Geist zusammen mit der Braut, d. h. der Kirche, die zu unserem Herrn rufen. Wenn wir den Namen JESUS aussprechen, so können wir dies als das Seufzen und Hauchen des Heiligen Geistes in uns begreifen, als einen Ausdruck des Sehnens und Verlangens des Geistes. So werden wir in die geheimnisvolle, liebende Beziehung zwischen dem Heiligen Geist und dem Sohn aufgenommen, soweit dies uns schwachen Menschen möglich ist.

55.

Umgekehrt kann uns der Name auch helfen, dass wir mit der Haltung unseres Herrn dem Geist gegenüber übereinstimmen. Maria empfing JESUS „vom Heiligen Geist" (Mt 1,20). Er war während seines ganzen irdischen Lebens (und ist es auch jetzt noch) der makellose Empfänger der Gabe des Geistes; er ließ den Geist vollkommen von sich Besitz ergreifen, der ihn führte (vgl. Mt 4,1) oder antrieb. „Durch den Geist Gottes“ (Mt 12,28) trieb er Geister aus. „Von der Kraft des Geistes getrieben“ (Lk 4,14) kehrte er aus der Wüste zurück und erklärte: „Der Geist des Herrn ruht auf mir.“ (Lk 4,18)

In all diesen Fällen zeigt JESUS dem Heiligen Geist gegenüber eine demütige Gelehrigkeit. Wenn wir den Namen JESU aussprechen, können wir (soweit es uns Menschen beschieden ist) mit ihm in dieser Hingabe an den Heiligen Geist eins werden. Aber wir können uns mit ihm vereinen wie mit dem Ursprung der Geistsendung: „Von dem, was mein ist, nimmt er und wird es euch verkünden (Joh 16,15) ... ich werde ihn zu euch senden“ (Joh 16,7).

Wir können den Namen JESUS als den Brennpunkt sehen, von dem der Geist seine Strahlen auf die Menschheit sendet. Wir können Jesus für den Mund halten, der den Geist haucht. So können wir das Aussprechen des Namens JESUS mit folgenden zwei Vorstellungspunkten verbinden: JESUS ist erfüllt vom Heiligen Geist, und er sendet ihn aus. In der Anrufung des Namens wachsen, heißt wachsen in der Erkenntnis des „Geistes seines Sohnes“ (Gal 4,6).

Der Name Jesus und der Vater

„Wer mich gesehen hat,
hat den Vater gesehen."

Joh 14,9

56.

Unsere Auslegung des Evangeliums wird solange oberflächlich bleiben, wie wir in ihm nur eine Botschaft für die Menschen sehen oder ein Leben für die Menschheit. Der wirkliche Mittelpunkt des Evangeliums ist die verborgene Beziehung zwischen JESUS und dem Vater. Dies ist das grundlegende Geheimnis des Lebens unseres Herrn. Die Anrufung des Namens JESUS kann uns eine wirkliche, wenn auch nur schwache und flüchtige Teilnahme an diesem Geheimnis bieten.

57.

„Im Anfang war das Wort." (Joh 1,1) Die Person JESU ist das lebendige Wort, das der Vater seit ewigen Zeiten spricht. Da der Name JESUS durch eine besondere göttliche Fügung ausersehen wurde, das durch den Vater gesprochene lebendige WORT zu bezeichnen, können wir sagen, dass dieser Name in gewissem Sinn Teil hat an diesem ewigen sich Aussprechen des Vaters. In einem anthropomorphen Sinn (der leicht zu korrigieren ist) könnte man sagen, dass der Name JESUS das einzige menschliche Wort ist, das der Vater in Ewigkeit ausspricht. Immer und ewig zeugt der Vater sein Wort. Durch die Zeugung des Wortes schenkt er sich ihm für ewig. Wenn wir dem Vater durch die Anrufung des Namens JESUS näherkommen wollen, müssen wir beim Aussprechen des Namens zuerst JESUS als Gegenstand der Liebe und Selbsthingabe des Vaters betrachten. Wir müssen (auf unsere bescheidene Weise) das Ausströmen dieser Liebe und Gnade auf den Sohn spüren. Wir haben bereits die Taube auf ihn niederkommen sehen. Dazu müssen wir auch noch die Stimme des Vaters hören: „Du bist mein geliebter Sohn, an dir habe ich Gefallen gefunden." (Lk 3,22)

58.

Nun wollen wir in aller Demut versuchen, in das Sohnesbewusstsein JESU einzutreten. Wie wir im Wort JESUS des Vaters Ruf „mein Sohn" fanden, so sollten wir in ihm auch das Wort des Sohnes „mein Vater" erkennen. JESUS hat kein anderes Ziel, als den Vater zu verkünden und sein Wort zu sein. Alles, was JESUS in seinem irdischen Leben tat, war Ausdruck vollkommenen Gehorsams dem Vater gegenüber: „Meine Speise ist es, den Willen des Vaters zu tun, der mich gesandt hat" (Joh 4,34); der Opfertod war die höchste Erfüllung des Willens der göttlichen Liebe (deren Quell der Vater ist): „es gibt keine größere Liebe als die, wenn einer sein Leben gibt" (Joh 15,13); nicht nur die Taten JESU, sondern sein ganzes Wesen waren der vollkommene Ausdruck des Vaters. JESUS ist der „Abglanz seiner Herrlichkeit und Abbild seines Wesens" (Hebr 1,3). Das Wort war „bei Gott" (Joh 1,1). Diese ewige Ausrichtung des Sohnes auf den Vater, seine ewige Hinwendung zu ihm sollten wir im Namen JESUS erfahren. Im heiligen Namen ist jedoch mehr enthalten als nur diese „Hinwendung" zum Vater. Wenn wir JESUS sagen, so können wir in gewisser Weise den Vater und den Sohn in Verbindung bringen, ihr Einssein erkennen und uns zu eigen machen. Genau in dem Augenblick, in dem wir den heiligen Namen aussprechen, sagt JESUS zu uns wie einst zu Philippus: „Glaubst du nicht, dass ich im Vater bin und dass der Vater in mir ist? … Glaub mir, dass ich im Vater bin und dass der Vater in mir ist." (Joh 14,10.11)

Der Name und die all-umfassende Gegenwart Jesu

„So werdet ihr mehr und mehr von der ganzen Fülle Gottes erfüllt."

Eph 3,19

59.

Wir haben die wichtigsten Aspekte der Anrufung des Namens JESUS behandelt. Wir haben sie wie eine Treppe angeordnet, die in die Höhe führt, und wir glauben, dass diese Treppe dem gewöhnlichen Fortschritt des geistlichen Lebens entspricht. Dennoch überschreitet Gott all unsere Grenzen, „denn unbegrenzt gibt er den Geist" (Joh 3,34). Diese Aspekte des Namens gehen ineinander; ein Anfänger kann geradewegs die höchste Erkenntnisstufe des Namens erklimmen, während ein anderer, der seit Jahren auf den Namen wartet, nicht über die Anfangsstufen hinauskommt. Dies ist jedoch nicht von Bedeutung. Wichtig ist nur, dass wir das tun, was unser Herr von uns verlangt. Deshalb ist das Schema, dem wir gefolgt sind, größtenteils künstlich und hat daher nur einen relativen Wert.

60.

Das wird besonders dem deutlich, der bereits einige Erfahrungen mit den hier beschriebenen Aspekten des Namens gemacht hat. In diesem Stadium – dessen Erreichung nicht notwendigerweise größere Vollkommenheit bedeutet, sondern oft auf einige Wachheit des Verstandes und Geistes, auf schnelle Auffassungsgabe und Urteilsfähigkeit in Dingen, die Gott betreffen, zurückzuführen ist –, wird es schwierig, ja sogar mühsam und ermüdend, sich auf diesen oder jenen Aspekt des Namens JESUS zu konzentrieren, wie wichtig er auch sein mag.

Unsere Anrufung und Betrachtung des heiligen Namens wird jetzt umfassend. Gleichzeitig werden wir uns der vollen Bedeutung des Namens bewusst. Wir sagen „JESUS“ und verharren in der absoluten Fülle des Namens unseres Herrn; wir sind nicht in der Lage, seine verschiedenen Aspekte abzugrenzen und auseinanderzuhalten, und doch fühlen wir, dass sie alle als ein zusammenhängendes Ganzes vorhanden sind. Der heilige Name umfasst dann den ganzen Christus und führt uns zu seiner vollen Gegenwart.

61.

Diese volle Gegenwart ist mehr als nur die Gegenwart des Naheseins oder Innewohnens, von der wir bereits gesprochen haben. Sie ist die tatsächliche Gegebenheit aller Wirklichkeit, zu der uns der Name eine Wirklichkeit erschließen konnte: Erlösung, Menschwerdung, Verklärung, Kirche, Eucharistie, Heiliger Geist und Gott-Vater. Erst dann begreifen wir „die Länge und die Breite, die Höhe und Tiefe“ (Eph 3,18) und erst dann verstehen wir, was „in Christus alles vereinen“ (Eph 1,10) bedeutet.

62.

Die allumfassende Gegenwart ist alles. Ohne sie ist der Name nichts. Wer andauernd in der allumfassenden Gegenwart unseres Herrn leben kann, braucht den Namen nicht mehr. Er ist nur Anstoß und Hilfe für den Augenblick. Es wird vielleicht auf Erden schon eine Zeit kommen, wo wir den Namen selbst aufgeben und uns frei machen müssen von allem und nur in der namenlosen und unaussprechlichen Lebensgemeinschaft mit der Person Jesu Christi stehen.

63.

Wenn wir die Inhalte oder das Bedeutungsspektrum des Namens JESUS gesondert betrachten, dann gleicht unsere Anrufung des Namens einem Prisma, das ein Bündel weißen Lichtes in die verschiedenen Farben des Spektrums zerlegt.

Wenn wir den „allumfassenden Namen“ anrufen (und die volle Gegenwart), so benutzen wir den Namen wie eine Linse, die das weiße Licht aufnimmt und bündelt. Mit Hilfe einer Linse kann ein Sonnenstrahl einen brennbaren Stoff entzünden. Der heilige Name ist solch eine Linse.

JESUS ist das brennende Licht, das der Name wie eine Linse sammeln und lenken kann, bis ein Feuer in uns entzündet ist. „Ich bin gekommen, um Feuer auf die Erde zu werfen.“ (Lk 12,49)

64.

Die Heilige Schrift verspricht des Öfteren denen einen besonderen Segen, die den Namen des Herrn anrufen. Auf den Namen JESUS können wir das beziehen, was vom Namen Gottes gesagt wird. Deshalb wiederholen wir: „Wende dich mir zu, sei mir gnädig, wie es denen gebührt, die deinen Namen lieben.“ (Ps 119,132) Und zu jedem von uns möge der Herr sagen, was er über Saul gesagt hat: „Dieser Mann ist mir ein auserwähltes Werkzeug, um meinen Namen zu tragen.“ (Apg 9,15)